AF227768

GUIDE

DE

L'ÉLECTEUR

OU

Petit Traité de Morale

CONCERNANT LES ÉLECTIONS

LYON

IMPRIMERIE EMMANUEL VITTE

3o, rue Condé, 3o

—

1891

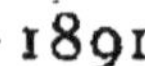

GUIDE

DE

L'ÉLECTEUR

OU

Petit Traité de Morale

CONCERNANT LES ÉLECTIONS

DÉPÔT LÉGAL
Rhône
n° 496
1891

LYON

IMPRIMERIE EMMANUEL VITTE

3o, rue Condé, 3o

—

1891

GUIDE DE L'ÉLECTEUR

OU

Petit Traité de Morale concernant les Élections

Jusqu'ici, la lutte électorale n'avait lieu qu'entre conservateurs et républicains de toute nuance, à l'avenir il n'en sera plus ainsi, le grand combat électoral ne devra plus se livrer sur un terrain aussi mal choisi, désormais il n'y aura plus en ligne que les *catholiques* d'un côté et les *non catholiques* de l'autre. Ce qui veut dire que tout candidat, qu'il soit monarchiste ou républicain, pourra également se présenter aux suffrages des catholiques; par la même raison, si un candidat même conservateur n'est pas catholique, aucun électeur catholique ne devra voter pour lui. Mais quels moyens l'électeur aura-t-il pour s'assurer que tel candidat est catholique ou non? R. Si l'électeur connaît par lui-même le candidat qui se présente, il saura à quoi s'en tenir; si au contraire il ne le connaît pas, la sagesse lui fait un devoir de se renseigner auprès des catholiques qui le connaissent; il devra lire et étudier la profession de foi du candidat, et savoir, au besoin, lire entre les lignes; il pourra consulter sur son compte les journaux catholiques, et ne devra voter qu'en connaissance de cause; ces précautions sont élémentaires, et tout homme sérieux qui veut acheter un bon cheval, s'il n'est pas connaisseur lui-même, fera venir le vétérinaire, il ne se fiera pas aux maquignons; si c'est un domaine qu'on veut acquérir, c'est au temps de la récolte qu'on ira le visiter, afin de n'être pas trompé sur la nature du terrain et des arbres.

C'est donc pour fournir aux électeurs la facilité de bien faire leur choix, que nous allons donner, dans ce petit livre : 1° un abrégé des principales dispositions de la loi civile concernant les élections; 2° un petit traité de morale également relatif aux élections.

Disons d'abord ce que l'on entend par le mot *élections*. Dans le sens qui nous occupe, le mot *élections* signifie *l'ensemble des opérations par lesquelles les électeurs font choix d'un ou de plusieurs d'entre eux, auxquels ils confient le mandat de les représenter dans l'assemblée pour laquelle ils sont élus*.

Nous avons, en France, cinq sortes d'assemblées électives, savoir : le Sénat, la Chambre des députés, le Conseil général, le Conseil d'arrondissement, le Conseil municipal. Toutes ces assemblées sont élues par le suffrage universel, à l'exception du Sénat qui est élu par le suffrage à deux degrés.

Tout citoyen français, majeur et jouissant de ses droits politiques est électeur, et éligible s'il a atteint 25 ans révolus.

Néanmoins pour qu'il puisse voter l'électeur devra avoir été inscrit, en temps opportun, sur la liste électorale de sa commune.

Cette liste est dressée par une commission composée :

1° Du maire ;

2° D'un délégué du préfet ;

3° D'un délégué du conseil municipal.

Ne pourront être inscrits sur cette liste, que ceux qui ont dans la commune leur domicile électoral. Ce domicile est acquis :

1° A tous les électeurs ayant toujours résidé dans la commune ;

2° A ceux qui, étant nés dans la commune, y ayant satisfait à la loi du recrutement, seraient allés habiter ailleurs, mais sont revenus habiter le lieu natal et y sont résidants depuis six mois accomplis ;

3° A ceux qui, n'étant pas nés dans la commune, y sont inscrits au rôle d'une des contributions directes, et ont déclaré vouloir, sans y résider, y exercer leurs droits électoraux, et cela après un an accompli ;

4° Ce domicile est acquis à tous ceux qui mariés dans la commune y résident depuis un an révolu ;

5° Enfin, à tous ceux qui résident dans la commune depuis deux ans accomplis.

La liste électorale est revisée, du 1er au 10 du mois de mars, par la commission dont il est parlé plus haut ; la liste ainsi revisée et rectifiée, est déposée au secrétariat de la mairie, où chacun a le droit de demander une nouvelle rectification ; on a pour cela un délai de quatre jours. Passé ce délai, la liste est publiée ; à partir de cette publication, tout citoyen omis sur la liste a le droit de réclamer son inscription pendant un délai de vingt jours ; tout électeur a également le droit, durant ce même délai, de réclamer d'autres inscriptions et radiations.

Une commission composée :

1° Du maire ;

2° D'un délégué du préfet ;

3° De trois délégués du conseil municipal, statue, dans les cinq jours, sur les demandes qui ont été faites ; de la décision de cette commission, on peut en appeler au juge de paix, on a pour cela un délai de dix jours ; le juge de paix n'a que trois jours pour notifier sa décision, de laquelle on peut appeler en cassation.

La liste électorale est close le 31 mars ; après cette date, pour une élection ayant lieu dans l'année, on ne serait plus reçu à se faire inscrire. C'est pour cette raison que chaque électeur, dans le cas, devra avoir soin de s'assurer, en temps opportun, de la réalité de son inscription.

Tous les actes judiciaires, en cette matière, sont dispensés du timbre et enregistrés gratis.

Nul n'est élu, au premier tour de scrutin, s'il n'a réuni la majorité absolue, et un nombre de voix égal au quart des électeurs inscrits ; au second tour, la majorité relative est suffisante, quel que soit le nombre des votants.

Tout électeur a droit d'arguer de nullité les opérations auxquelles il a pris part. Les réclamations doivent être, sous peine de nullité, ou consignées au procès-verbal, ou bien déposées au secrétariat de la commune, dans le délai de cinq jours. S'il s'agit d'élections municipales ou au conseil d'arrondissement, il est statué, à leur sujet, par le conseil de préfecture, sauf recours au conseil d'Etat. Les causes relatives aux élections des Conseils généraux sont du ressort du Conseil d'Etat. La Chambre juge, elle-même, les causes relatives à l'élection de ses membres, il en est de même du Sénat.

Tout électeur est éligible à 25 ans révolus ; toutefois, si les fonctions de l'élu sont incompatibles avec son mandat, il devra se démettre de ses fonctions.

Pendant la période électorale, c'est-à-dire depuis la date du décret de convocation jusqu'au jour de l'élection, toute affiche électorale est dispensée du timbre et peut être apposée sur les murs de tous les édifices publics, excepté les édifices consacrés au culte ; ces affiches ne pourront pas non plus être apposées à l'endroit réservé par la mairie pour les affiches émanant de l'autorité ; les affiches autres que celles émanant de l'autorité doivent être sur papier de couleur, le papier blanc étant réservé à celles émanant de l'autorité. A cette exception près, les affiches électorales jouissent des mêmes privilèges que celles de l'autorité, c'est-à-dire que celui qui les déchirerait ou les détruirait serait punissable d'une amende de 5 à 15 francs, si le coupable était un fonctionnaire l'amende serait de 16 à 100 francs ; sans l'autorisation du propriétaire ou autres ayants-droit, on ne peut pas apposer les affiches susdites sur les murs des édifices privés. Ces derniers étant maîtres chez eux, ne pourraient pas être poursuivis, par conséquent, s'il leur avait plu de déchirer ou détruire des affiches apposées sur leur propriété.

Il est quelquefois utile que des réunions électo-

rales aient lieu ; il est bon de savoir que la loi con-
sacre la liberté des réunions publiques (loi du
30 juin 1881), à plus forte raison les réunions électorales sont libres ; mais on ne doit pas oublier que
ces réunions doivent être précédée d'une déclaration
faite à la préfecture si la réunion doit se faire dans
le chef-lieu du département, à la sous-préfecture
dans le chef-lieu d'arrondissement, et à la mairie si
c'est dans une simple commune que la réunion doit
avoir lieu. La déclaration devra se faire vingt-quatre
heures avant la réunion, à partir de l'heure qui devra
être indiquée dans la déclaration elle-même ; pendant
la période électorale il sera même suffisant que la
déclaration soit faite deux heures avant la réunion.
Les déclarants devront être au nombre de deux, dont
l'un devra être habitant dans la commune et jouir de
ses droits civils.

L'assemblée élira son bureau, qui sera respon-
sable ; un représentant de la police pourra assister à
la réunion, il ne pourra la dissoudre que sur la
demande du bureau, ou dans le cas où il se produi-
rait des collisions ou voies de fait.

Quant à la distribution des bulletins de vote, elle
est absolument libre hors de la salle du scrutin. Les
bulletins imprimés ou manuscrits doivent être sur
papier blanc et non rayé.

L'entrée de la salle ne peut être interdit à aucun
électeur, sauf le cas où la mauvaise tenue de celui-ci
l'exigerait.

Le maire a maintenant le droit de former le bureau.
Tous les électeurs ont droit d'en surveilleur les opérations, à plus forte raison ils ont le droit d'assister

au dépouillement du scrutin ; ils ont aussi le devoir d'avoir l'œil, pour que la loi ne soit pas violée. Il faut avoir confiance au bureau ; mais y être, c'est ce qu'il y a de mieux.

Ces quelques notions dela loi électorale suffiront, ce nous semble, à éclairer les nouveaux électeurs qui pourraient les ignorer, et à les remettre en mémoire à ceux qui les auraient oubliées. Ces prescriptions de la loi sont sages et justes. Elles sont donc obligatoires, observons-les avec exactitude et fidélité, servons-nous du grand pouvoir qu'elles nous donnent et usons, pour le bien de la nation, des libertés qu'elles nous laissent.

Après avoir rappelé les prescriptions de la loi civile, examinons au point de vue moral quels sont les devoirs que la conscience impose à l'électeur chrétien ; nous serons aussi bref et aussi clair que possible, car nous voulons être compris des électeurs, quel que soit leur degré d'instruction.

« *C'est par moi, dit le Seigneur, que règnent les souverains, c'est par moi que les législateurs édictent des lois justes et équitables.* » Par le fait du suffrage universel, qui est la base de nos institutions en France, c'est le peuple qui est souverain, c'est lui qui fait ses législateurs par la voie des élections ; c'est donc par le Tout-Puissant aussi qu'il est souverain, c'est par lui aussi qu'il nous donnera des législateurs qui établiront, en son nom, des lois justes et équitables : *per me reges regnant et legum conditores decernunt justitiam.* C'est donc vraiment le peuple qui est de fait le dépositaire de la souveraineté nationale ; cette souveraineté, le peuple l'exerce surtout par le moyen du vote. Cet acte de souverain est donc pour toute la nation et pour chaque individu d'une suprême importance. C'est l'acte politique le plus considérable que l'électeur ait à accomplir ; mais si cela est vrai, l'électeur devra s'acquitter de ce devoir et accomplir une pareille action avec toute la maturité et tout le sérieux dont il est capable, à peine de se rendre coupable envers lui-même et envers la nation tout entière. Le vote étant donc un acte de souveraineté, il doit, au plus haut point, intéresser la conscience de l'électeur souverain ; l'électeur doit donc se demander dans quelles conditions il aura à accomplir un acte aussi considérable, pour qu'il soit conforme aux lois d'une conscience honnête et éclairée. Cet acte de souverain est un acte politique au premier chef ; il faudra tout au moins que l'électeur sache ce que c'est que la politique dont il entend si souvent parler sans peut-être la comprendre.

Nous dirons donc ici, en peu de mots ; ce que c'est que la vraie politique et ce que c'est que la fausse politique. Nous dirons ensuite ce que c'est que la conscience, ce que c'est que la loi morale, d'après laquelle la conscience doit former ses jugements. Ces notions, bien que peu développées dans un aussi petit livre, seront cependant d'une grande utilité à l'électeur qui voudra le consulter.

Qu'est-ce donc que la politique ?

Les anciens, c'est-à-dire les grands philosophes de l'antiquité tels qu'Aristote, Platon, et Cicéron, le plus illustre républicain de l'ancienne Rome, tous définissent la politique : *l'art de gouverner un*

Etat et de diriger ses relations avec les autres Etats. Elle doit avoir pour but, ajoutent-ils, *les vrais intérêts de la société, et pour règles, les règles mêmes de la morale.* De cette définition tout citoyen tirera nécessairement cette conclusion que tout acte politique comme tout acte de la vie privée doit être *juste et honnête,* avoir pour but *les vrais intérêts de la société,* et être basé sur *les règles mêmes de la morale ;* sinon cet acte, politique ou non, sera un acte mauvais et immoral ; celui qui l'aura commis sera donc coupable devant Dieu, devant sa conscience et devant la société, et plus cet acte sera de grande importance et plus le sujet en sera criminel. Or, si, comme nous venons de le démontrer, l'acte politique et souverain, que l'électeur accomplit par son vote, est d'une si grande importance et que cet électeur n'observe pas, en l'accomplissant, les règles de la morale, qui sont celles de la conscience, son acte en sera du même coup excessivement mauvais, en lui-même et dans ses conséquences.

Si au contraire l'électeur, en votant, a observé les lois de l'honnêteté et de la justice, s'il n'a eu en vue que les vrais intérêts de la nation, il aura fait acte de vrai souverain et il aura bien mérité de la patrie.

Avec ces principes on n'a pas besoin d'être savant pour bien voter : il suffit d'être bon et honnête, et si l'on a le malheur de voir tant de mauvais votes, c'est ou qu'on ignore ces notions et ces principes, ou que, dans le but d'y trouver ses intérêts personnels, on s'en éloigne. C'est ainsi que font tous ceux qui suivent la mauvaise, la fausse politique.

Cette triste politique, inspirée par l'enfer pour la

ruine des peuples, voici comment la comprenait Machiavel et comment la comprennent tous ceux qui lui ressemblent : « La politique, disent-ils, ou *l'art de gouverner les Etats, doit être basée sur le principe que tout ce qui peut nous être avantageux est bon et permis, que la fin justifie les moyens, que les gouvernants ne doivent chercher qu'à conserver et à étendre leur pouvoir* PAR N'IMPORTE QUELS MOYENS. »

Nous n'avons pas besoin de commenter cette affreuse définition, elle est trop facile à comprendre pour quiconque voudra se servir de l'intelligence qu'il a reçue de Dieu ; il est trop facile de voir que cette politique de Satan est celle des juifs et des francs-maçons qui nous mènent à la banqueroute, si nous continuons à nous diviser au lieu de nous unir pour y porter remède. Pour nous défendre contre des ennemis si puissants et si habiles, nous n'avons d'autres armes que notre bulletin de vote ; tant pis pour nous, si nous ne savons pas nous en servir ! notre ruine sera notre faute. Ah ! si, du moins, les honnêtes citoyens, encore si nombreux en France, voulaient enfin comprendre la vraie, la bonne politique des anciens, qui est aussi celle de Dieu et de la justice ; s'ils voulaient, en allant aux urnes, mettre en pratique les saintes règles de la morale évangélique, car il n'y en a pas d'autre, nos ennemis ne seraient pas si fiers !

Ces règles ou ces lois de l'honnêteté et de la justice sont immuables, comme Dieu qui les a données, elles ne sauraient changer avec la forme des gouvernements. Que chaque électeur se pénètre donc bien de ces grands principes, quelle que soit sa préférence au point de vue de la forme du gouvernement; qu'il n'oublie pas que le *souverain,* qu'il soit *peuple* ou monarque a le devoir très grave d'exercer les fonctions de la souveraineté selon les lois de la conscience, sous peine de se rendre coupable du crime de lèse-majesté, et qu'en conséquence tous et chacun des électeurs sont dans l'obligation, *très grave de sa nature :*

1º De ne pas s'abstenir de voter.

2º De ne pas oublier, par conséquent, que cette obligation étant un devoir de conscience très grave, l'électeur pèche en s'abstenant de voter, s'il n'en est légitimement empêché.

3º Qu'il pèche plus gravement encore s'il vote pour un candidat indigne.

4º Qu'en conséquence, tout électeur catholique qui s'est abstenu de voter sans raison sérieuse, ou qui a mal voté, doit se repentir et se confesser de sa faute sinon ;

5º Le confesseur devra lui refuser l'absolution.

6º Les confesseurs devront avertir en temps et lieu leurs pénitents de cette grave obligation.

7º Les pasteurs des âmes ont, à ce sujet, l'obligation d'instruire leurs paroissiens sur leurs devoirs électoraux.

8º Ils devront, en cette matière, être prudents. Toutefois leur prudence ne devra pas être *humaine,* mais apostolique, c'est-à-dire qu'au besoin, ils ne devront craindre ni la persécution, ni la prison, ni la mort. Les élections sont, entre les mains de nos ennemis, l'arme la plus meurtrière dont ils puissent faire usage ; servons-nous donc, nous aussi, de cette arme pour nous défendre ; gardons nos préférences politiques, c'est notre droit, mais avant tout et par-dessus tout soyons électeurs catholiques. Qu'on ne parle plus, sur le champ de bataille électoral, ni de royalistes, ni de républicains, ni de conservateurs : la lutte n'est plus sur ce terrain, elle est tout entière entre *catholiques* et *non catholiques*.

Par *non catholiques* on doit entendre :

1° Les *juifs* ;

2° Les *francs-maçons* ;

3° Les *libres penseurs* ;

4° Les *athées* et les *impies*, quelles que soient leurs capacités et leur situation de fortune.

Aucun candidat appartenant à une des catégories susdites ne pourra être élu par un vrai catholique ; Mais *M. un tel n'a pas de religion, c'est pourtant un bon homme ; il a promis à notre maire de nous faire avoir un secours du gouvernement, de nous faire faire notre maison commune, notre clocher, notre église, un pont dont nous avons si grand besoin, une route, un chemin de fer, etc., etc...* Pour faire toutes ces belles choses il faudrait beaucoup d'argent, mais pour les promettre le candidat n'a aucune dépense à faire, promettre et tenir sont deux choses bien différentes. Toutes ces belles promesses, fussent-elles sincères, ne sauraient innocenter devant Dieu la conscience de ceux qui voteraient pour de pareils candidats : que les municipalités catholiques, que les conseils de fabrique, que les curés euxmêmes se le tiennent pour dit.

Par *candidats catholiques* on devra entendre :

1º Tous les électeurs qui croient et professent publiquement la religion catholique, c'est-à-dire ceux qui ont le courage et la bonne volonté d'accomplir ouvertement leurs devoirs religieux. Toutes choses égales, ceux-là devront être préférés à tous autres.

2º Au point de vue électoral on peut encore compter parmi les candidats catholiques ceux qui, tout en négligeant leurs devoirs religieux, sont cependant attachés à la religion, et veulent, quand même, en soutenir et défendre les principes et les libertés.

3º Toujours au point de vue des élections, et suivant les circonstances, on pourra admettre avec les candidats catholiques ceux qui, tout en professant une autre religion que la nôtre (*pourvu toutefois que le candidat ne soit pas un juif*), voudraient cependant soutenir et défendre toutes nos libertés religieuses, civiles et politiques, et ayant, bien entendu, les autres qualités désirables.

Si le peuple souverain ne voulait envoyer dans nos assemblées que des candidats pris dans ces trois catégories de citoyens, la France serait bientôt sauvée, et la question sociale résolue à la satisfaction de tous, et des pauvres ouvriers surtout.

Pour atteindre ce but si désirable, que faut-il ? il nous faut *l'union* ; avec elle, nous sommes à la fois la force, le nombre, et le droit ; dans ces conditions, si nous ne sommes pas vainqueurs aux prochaines élections, ce sera bien notre faute ! L'union au contraire ne suffit pas à nos ennemis pour triompher, ils ont encore besoin de notre division ; elle ne leur a, par malheur, jamais manqué. Allons-nous donc encore cette fois être leurs auxiliaires ? Espérons que non ! Levons-nous donc, catholiques, levons-nous comme un seul homme ; effaçons, une fois pour toutes, la honte d'avoir été si souvent battus quand nous pouvions être vainqueurs ! Le salut de la France est à ce prix.

Nous avons dit que tout électeur a le devoir de ne pas s'abstenir de voter, et l'obligation très grave de bien voter, et que c'est là un devoir de *conscience*. Or, comment expliquer, dès lors, ce fait extraordinaire? On voit, en France, une foule d'électeurs honnêtes et bons chrétiens, ne manquant même pas à leurs devoirs religieux, et qui ont cependant l'habitude de s'abstenir ou de mal voter. Une pareille aberration ne peut avoir d'autre cause que l'ignorance et la bonne foi de la plupart des catholiques. Cette malheureuse ignorance vient de ce que ceux qui avaient la mission de les instruire de leurs devoirs sur cette matière ne l'ont pas fait ; il en est résulté qu'une foule de chrétiens, d'ailleurs bien intentionnés, sont convaincus que les actes de la vie politique ne sont pas du ressort de la conscience, et que l'on peut faire en politique des actes qui ne seraient pas honnêtes dans la vie privée. Ainsi, tel député qui croit de son devoir de père de famille de ne pas confier ses enfants à d'autres maîtres qu'à des catholiques, vote les lois scolaires sans scrupule ; tel juge sait très bien que la loi de l'accroissement est une loi de voleur, n'importe, il condamne les religieuses à payer un impôt qu'elles ne doivent pas; ce même juge n'exigerait certainement pas, de son débiteur personnel, cinq centimes de plus qu'il ne lui doit : **une conscience pour les actes de la vie privée, une autre conscience pour les actes de la vie publique**. Voilà la grande erreur ! voilà par quelle aberration de bons et braves citoyens votent pour des gens auxquels ils ne prêteraient pas cent francs sans hypothèque, auxquels ils ne confieraient pas une affaire personnelle de quelque importance, et auxquels ils ne font aucune difficulté de confier les affaires de toute la nation.

Seuls les prêtres et pasteurs des âmes peuvent instruire les fidèles de leurs paroisses de ces graves devoirs ; mais le mot d'ordre des loges maçonniques est passé peu à peu à l'état d'axiome de théologie morale ; il consiste à dire *que le prêtre ne doit pas faire de la politique*. Cet axiome fait si bien loi en France, que le gouvernement y a souvent trouvé prétexte de poursuites contre les évêques et les prêtres qui ne faisaient cependant que leur devoir : de là l'ignorance déplorable de tout devoir politique parmi les fidèles. Donc, pour l'utilité des électeurs catholiques, nous allons leur dire en quelques lignes ce que c'est que la conscience, et quelles en sont les lois.

La conscience peut se définir : *la lumière intérieure*, le sentiment intérieur par lesquels l'homme *se rend témoignage, à lui-même, du bien ou du mal qu'il fait.*

Or, plus cette lumière est vive, plus ce sentiment est profond et plus aussi l'homme a l'intelligence du bien qu'il doit faire et du mal qu'il doit éviter, plus il aime le bien et plus il a horreur du mal. Avec la clarté de cette lumière, avec ce sentiment délicat, l'homme sera facilement honnête et bon ; il le sera surtout si, dès l'enfance, il a eu l'habitude de vivre et d'agir d'après les inspirations de sa bonne conscience ; c'est alors que ses concitoyens feront de lui ce bel éloge : *c'est un homme consciencieux, c'est un homme de bien, il n'a jamais fait tort à personne.*

Il est facile de comprendre que si un homme de cette valeur unit à ces nobles qualités les aptitudes et le talent nécessaires, il sera digne d'occuper les plus hautes charges de l'Etat, quelle que soit la forme du gouvernement, et s'il se présente aux élections, ses concitovens ne sauraient mieux faire que de le choisir pour les représenter.

Heureuse la république qui aurait de pareils hommes pour la gouverner ! Heureux le peuple qui n'enverrait que des hommes de cette valeur aux assemblées législatives !

Encore une fois pourquoi n'en est-il pas ainsi, sinon parce que les électeurs catholiques ne savent pas ou ne veulent pas faire leur devoir ? Car, grâces à Dieu, cette classe d'hommes consciencieux est encore nombreuse en France, il ne tiendrait qu'à nous de les choisir. Nous sommes le nombre en définitive, pourquoi ne sommes-nous pas toujours la majorité ? Sur 36 millions, nous sommes plus de 32 millions de catholiques. Parmi ceux qui ne sont pas de notre culte, on en compte encore beaucoup qui veulent la justice et la liberté pour tous ; mais admettons que sur 36 millions nous ne soyons que 30 millions, n'en mettons que 28, nous sommes alors encore le nombre et la qualité, j'espère ; qui donc pourrait nous disputer la victoire, si réellement nous étions décidés à vaincre ou mourir, comme de vaillants soldats doivent l'être sur un champ de bataille ?

Donc, en avant, catholiques, pour la France et pour Dieu !

Mais cette conscience éclairée, qui a horreur du mal et veut, quoi qu'il arrive, faire le bien, nous allons prouver qu'elle ne peut pas exister sans la religion ; que dire d'un homme qu'il n'a pas de religion, c'est dire qu'il n'a pas de conscience, et un homme sans conscience n'est plus un homme. En effet, que nous dit la conscience au fond de nous-mêmes ? Elle nous rappelle, à tout instant du jour et de la nuit, et en tout lieu, les préceptes divins de la morale, c'est-à-dire les lois naturelles et les lois positives qui nous commandent de faire le bien et d'éviter le mal, pour éviter les châtiments et mériter les récompenses promises. Car si la loi naturelle, si la loi positive sont des lois, elles doivent avoir une sanction ; la justice demande que celui qui pratique la vertu soit récompensé, et que celui qui viole la loi, c'est-à-dire qui fait le mal, soit puni ; tout homme ayant l'usage de sa raison admet ce grand principe.

Mais qui donc peut mettre une sanction à la loi ? La raison nous dit encore que ce ne peut être que le législateur lui-même, c'est-à-dire l'auteur même de la loi. Mais qui donc a pu imprimer au fond de la nature, cette loi qui nous ordonne de faire le bien et d'éviter le mal ? Il est évident que ce ne peut être que l'auteur même de la nature, ou, dans d'autres termes, le souverain Maître et Créateur de toute chose. Mais encore, si c'est le Dieu tout-puissant, qui est l'auteur des lois morales, ce doit être lui-même qui a sanctionné ces lois, c'est-à-dire qui a assuré la récompense à celui qui les aura observées et le châtiment à celui qui les aura violées ; sans cette sanction, ces lois ne seraient pas des lois. Or, si les législateurs humains ont la sagesse de mettre une sanction à chacune de leurs lois, il faut bien admettre que le Créateur et souverain Maître a eu, pour le moins, la même sagesse ; Dieu a donc donné aux lois éternelles de la morale, une sanction. C'est en exécution de ces lois, que la conscience nous dit à tous : *si tu fais bien, tu trouveras bien ; si tu fais mal, tu seras châtié.*

Pour observer les lois que Dieu nous a données, pour mériter les récompenses qu'il nous promet et éviter les châtiments dont il nous menace, nous avons besoin de connaître ce qu'il nous ordonne et ce qu'il nous défend ; sans cela, nous ne pourrions mériter aucune récompense, et Dieu ne serait plus juste, s'il nous punissait du mal que nous aurions fait sans le connaître. Aussi, dans son infinie sagesse, il a établi sur la terre, une religion qui nous donne tous les enseignements dont nous avons besoin, il ne tient qu'à nous de nous instruire ; de plus, Dieu veut bien nous donner la grâce, pour que nous puissions faire le bien et éviter le mal, et c'est par la lumière et l'efficacité de cette grâce, que nous perfectionnons notre conscience et nos mœurs, et que nous marchons d'un pas ferme, dans la voie de ses commandements ; sans cette lumière, sans cette force qui nous est donnée par la grâce, l'homme ne pourra jamais, par sa propre énergie, faire le bien et éviter le mal : d'où cette conclusion, que l'homme *sans religion* sera nécessairement un homme *sans conscience*, puisqu'il n'observera pas les lois morales, qui sont les lois de la conscience, c'est-à-dire les commandements de Dieu, que seule la religion nous enseigne d'observer. Les lois et les règles de la conscience n'étant pas différentes des lois religieuses, il s'en suit qu'il n'y a qu'une morale et une seule conscience, comme il n'y a qu'un Dieu ; il n'y a, en effet, aucun des commandements de Dieu que nous puissions violer sans que notre conscience nous le reproche, et toutes les fois que nous avons la bonne volonté de les observer, cette même conscience nous rend témoignage que nous avons bien fait.

En conséquence, dans la question qui nous occupe, s'il est vrai et reconnu qu'un candidat n'a pas de religion, nous devons conclure que c'est un homme sans conscience, pour lequel un catholique ne doit jamais voter.

Tels sont, en abrégé, les devoirs des électeurs en général, mais surtout des électeurs catholiques. Tels doivent être les électeurs d'aujourd'hui, tels aussi les électeurs de l'avenir. Car il n'est pas suffisant que nous votions bien nous-mêmes dans le présent ; la patrie veut que nous unissions nos efforts pour assurer les élections de l'avenir. Elle demande que nous lui préparions de bons électeurs pour plus tard. Nous n'avons, pour ranimer notre courage dans cette belle œuvre, qu'à prendre modèle sur nos ennemis ; qui ne font-ils pas, depuis cent ans, pour s'assurer le succès dans les élections ? Les monarques ont l'habitude de faire donner au prince premier héritier de leur trône, une instruction et une éducation dignes de sa haute destinée. Nous sommes *le peuple souverain*, nous *devons* donc, à la manière des Rois, donner à nos enfants l'instruction et l'éducation nécessaires, afin que, un jour, ils sachent, comme nous, être de bons Français, de bons catholiques et de bons électeurs, car ils seront, à leur tour, *le peuple souverain*.

Pour mener à bonne fin une œuvre aussi importante, la coopération de tous est nécessaire. Electeurs ou non, hommes et femmes ont pour cela de grands devoirs à remplir.

Les pères et les mères, en première ligne, les instituteurs et les institutrices, qu'ils soient congréganistes ou non, les patrons de l'atelier et de l'usine, les maîtres et les maîtresses, et enfin, et surtout, les pasteurs des âmes doivent se concerter et s'unir pour l'accomplissement de cette œuvre nationale par excellence. Aucun artiste, quelque habile qu'on le suppose, n'aura jamais la prétention de réparer un tableau de Raphaël ou de Michel-Ange : un chef-d'œuvre ne peut être refait que par son auteur. La religion a fait la France grande et belle, elle seule peut la refaire et la restaurer. Qu'on ne s'y trompe pas ! Ceux qui disent le contraire sont ses pires ennemis.

La République elle-même peut faire ce grand ouvrage, si, comme Clovis, elle consent à recevoir le baptême ; sinon, non ! Mais même la République sera chrétienne, si le peuple souverain le lui ordonne par de bonnes élections. En conséquence :

Que les pères et les mères considèrent bien à quo
les oblige l'importance et la gravité de ce grand
devoir. Ils doivent, pour cela, faire de leurs enfants
de bons Français et de robustes chrétiens ; ainsi
formés, ils seront nécessairement de bons électeurs.
A cette fin, ils doivent se regarder comme obligés :

1° A ne rien négliger pour préserver leurs enfants
de toute éducation et instruction qui serait de nature
à mettre leur foi en danger et à les éloigner de la
pratique de notre sainte religion ;

2° A faire donner à ces mêmes enfants une éducation qui ne laisse rien à désirer ;

3° A ne pas oublier qu'il ne leur suffit pas de faire
apprendre à leurs enfants la doctrine chrétienne,
mais qu'ils ont encore le grave devoir d'exiger d'eux
qu'ils pratiquent la doctrine qu'on leur a enseignée,
afin qu'ils contractent de bonne heure l'habitude des
vertus chrétiennes. L'enfant qui sait seulement son
catéchisme n'est pas pour cela un enfant chrétien ;
il faut qu'il ait l'habitude de pratiquer ce qu'il croit.
Savoir sa religion et ne pas la pratiquer, connaître
Dieu et ne pas l'adorer en esprit et en vérité, c'est
ressembler à Satan qui croit aussi, qui connaît Dieu
très parfaitement, et qui ne l'adore pas ;

4° Pour obtenir les heureux résultats, les parents
devront s'imposer tous les sacrifices en leur pouvoir
afin que leurs enfants ne fréquentent pas les écoles
sans Dieu ;

5° S'il leur était tout à fait impossible de ne pas
envoyer leurs enfants à ces écoles, ils doivent, sous
peine de faute grave, veiller à ce que rien de contraire à la religion ne leur soit enseigné, et les obli-

ger à fréquenter assidûment les catéchismes de la paroisse. Que si la prière ne se fait pas en commun, les parents doivent s'assurer que les enfants la font en particulier ; beaucoup se négligent sur ce point. Qu'ils ne se fassent pas illusion, leur salut y est intéressé.

Quant aux devoirs particuliers des instituteurs et institutrices, la loi scélérate n'a pas pu les changer ni les abolir, ils demeurent ce qu'ils ont toujours été, à peu près les mêmes que ceux des parents dont ils tiennent la place ; ils doivent faire tout ce qui ne leur est pas impossible pour l'âme de leurs élèves, et surtout s'abstenir, coûte que coûte, de tout enseignement qui ne serait pas conforme à ceux de la sainte Eglise. Agir autrement serait de leur part un crime plus affreux que le massacre des innocents ordonné par Hérode. Ils doivent donc bien se pénétrer de cette vérité *que* la neutralité est déjà coupable, lors même qu'elle serait réelle ; la loi ne peut pas les innocenter sur ce point, par la raison que le Créateur ne peut pas permettre à sa créature de se comporter nulle part ni jamais, comme s'il n'existait pas, encore moins à celles qui sont appelées par leur vocation à élever ses enfants dans la crainte de son nom. Comment le Père céleste pourrait-il permettre qu'on ne parlât jamais de lui à ses enfants ? Or, c'est ce qui aurait lieu si l'école était neutre. La neutralité est déjà un scandale, que faudrait-il donc dire si elle était violée au détriment de la foi de ces pauvres enfants ? Que les instituteurs et institutrices y réfléchissent, et qu'au besoin les parents y avisent eux-mêmes.

Ces devoirs sont communs à tous ceux et celles qui ont une école à diriger, qu'ils soient laïques ou congréganistes. Tant vaut le maître, tant vaut l'élève, les générations de l'avenir seront ce que nous les aurons faites, malheur à nous si elles n'étaient plus chrétiennes !

Que les dames chrétiennes et les religieuses qui dirigent nos pensionnats de demoiselles se rendent bien compte de l'extraordinaire gravité de leurs devoirs, à cause des tristes temps que nous traversons. Qu'elles se gardent bien de faire plus de cas du certificat d'étude ou du brevet, que de l'instruction religieuse de leurs élèves. C'est généralement au pensionnat que la jeune demoiselle reçoit son billet d'entrée pour le paradis, malheur aux maîtresses s'il en était autrement ! Ce qui arriverait si on leur enseignait un Evangile amoindri qui ne fût plus celui de N. S. J.-C. crucifié. Ce n'est pas le Thabor qui a sauvé le monde, c'est le Calvaire. Les femmes fortes se forment au pied de la croix avec la sainte Vierge. Qu'on réfléchisse dans nos maisons d'éducation à tout ce que nous ne pouvons pas dire ici pour ne pas être trop long.

Que les directeurs de nos internats de jeunes gens, à quelque degré de l'enseignement qu'ils appartiennent, se pénètrent à leur tour de la grave responsabilité de leur charge. Un jeune homme sortant de nos écoles catholiques doit connaître suffisamment sa religion et avoir acquis, déjà, l'habitude de la pratique ; sinon, il y a de sa faute ou de la faute de ses maîtres. Qu'ils y réfléchissent ! Par leur important ministère ils sont les conservateurs de la France catholique. Qu'ils se gardent bien de préparer des recrues à la franc-maçonnerie, qui la veut détruire !

Qu'ils cherchent premièrement le règne de J.-C. dans l'âme de leurs élèves, et les autres succès leur seront donnés par surcroît !

Pères et mères, directeurs et directrices de nos écoles, voilà vos devoirs !

Les devoirs des maîtres et maîtresses de maison par rapport à leurs serviteurs et servantes sont à peu de chose près les mêmes que ceux des pères et mères dont ils tiennent la place. Par les tristes temps où nous vivons, les vérités et les principes de la morale chrétienne sont si diminués et si amoindris parmi nous, que les maîtres vont jusqu'à s'imaginer qu'ils n'ont qu'à nourrir et à payer leurs domestiques, et qu'ils n'ont pas le devoir très grave de s'inquiéter de leur conduite morale et religieuse; à leur dire, la seule chose qui leur importe, c'est que leurs serviteurs fassent leur ouvrage, et voilà tout.

Tels n'étaient pas les principes de nos aïeux, ils se regardaient, et à juste titre, comme ayant charge d'âmes, et ils veillaient scrupuleusement à ce que tout le monde, dans la famille, se conduisît chrétiennement; c'est là aussi ce que font les familles, hélas ! trop peu nombreuses qui ont su conserver les traditions des anciens. C'est à ces traditions patriarcales qu'il nous faut revenir ! Il faut que les maîtres laissent à leurs serviteurs tout le temps nécessaire pour vaquer, le dimanche, au service de Dieu : pour cela, qu'ils ne les fassent jamais travailler en ce saint jour, et qu'ils les obligent, de plus, à accomplir leur devoir de chrétien ; qu'ils les conduisent avec eux aux offices et instructions de la paroisse, absolument comme ils doivent le faire pour leurs enfants, car ils répondront, devant Dieu, de l'âme des uns et des autres.

Que les patrons de l'atelier et de l'usine soient aussi les pères de leurs ouvriers et employés ; qu'ils ne s'imaginent pas que les grèves qui se succèdent sans interruption et qui sont devenues un vrai désastre social, ont pour cause unique le mauvais vouloir des ouvriers, les mauvais patrons y ont leur large part ; ils ont regardé l'ouvrier comme un simple rouage de leurs machines, ils ont voulu que cette machine produisît jour et nuit, dimanches et fêtes, ils l'ont trop chauffée, elle a, à la fin, éclaté ; il en est résulté un désastre peut-être irréparable.

Que les patrons, comme leur titre l'indique, deviennent les pères de leurs ouvriers, qu'ils s'intéressent à leur sort, qu'ils les aiment, qu'ils les protègent. Il est bien rare que l'ouvrier n'ait pas de cœur, il sera touché des bontés du patron, et quand l'amour mutuel sera éveillé entre lé patron et l'ouvrier, la grande question sociale sera bientôt résolue. Mais, ne l'oublions pas, seule, la religion, aidée du concours des pouvoirs publics, nous donnera ces heureux résultats. Or les pouvoirs publics seront ce que le peuple les aura faits par les élections, ils seront bons ou mauvais, à la volonté et au bon plaisir du peuple souverain.

Apprenons donc à nos enfants à faire un jour, eux aussi, de bonnes élections pour le bonheur de la France ! en ne s'inspirant, dans leur vote, que des vrais intérêts de la nation, c'est-à-dire en éloignant de nos assemblées les juifs, les francs-maçons, les libres-penseurs, les athées, les banqueroutiers frauduleux, les hommes de mauvaise vie, les mauvais médecins, les avocats sans cause, qui nous ruinent. Quand il est notoire qu'un candidat est une canaille, pourquoi un honnête homme voterait-il pour lui ? quand tout le monde sait qu'un autre candidat n'a pas su faire ses propres affaires, lors même qu'il serait honnête, pourquoi lui confier les affaires de toute la nation ?

Cherchons donc des hommes consciencieux et honnêtes, sérieux, sachant bien diriger leurs affaires personnelles, qui n'ont pas besoin de l'Etat pour payer leurs dettes, qui n'ont jamais rien fait perdre à personne, qui n'ont pas crainte de se montrer ce qu'ils sont, c'est-à-dire bons chrétiens, et dont l'état de fortune est indépendant. Il y a eu, au même moment, jusqu'à 40 députés à la chambre ayant leur traitement saisi, n'est-ce pas une honte ?

On devra prendre les mêmes précautions et exiger les mêmes garanties des candidats qui se présentent pour le conseil général ou d'arrondissement, par la raison que c'est dans ces assemblées que se recrutent d'ordinaire les sénateurs et les députés ; or telle la pépinière, tel sera le fruitier. N'envoyons donc à ces assemblées que des hommes de valeur, et bientôt nous n'aurons plus que de bons députés et de bons sénateurs, et la France sera sauvée !

Les mêmes vertus morales, les mêmes qualités, sinon toujours les mêmes talents, sont requises pour les candidats aux conseils municipaux. Si nous n'avions en France que de bons conseils municipaux, il est évident que nous n'aurions ni un mauvais Sénat ni une mauvaise Chambre ; outre les intérêts communaux qui sont en jeu dans les délibérations de ces conseils, ils ont encore une grande influence sur la politique générale, les électeurs ne devront pas l'oublier.

Des élections municipales mal faites laisseraient les électeurs sans excuses ; aucun d'eux ne pourrait prétexter son ignorance : dans la commune tout le monde se connaît, chacun connaît les citoyens qui sont honnêtes et capables et ceux qui ne le sont pas, chacun peut faire sa liste et voter pour qui lui plaît. S'il y a dans le pays quelques-uns de ces petits avocats moins honnêtes que brouillons, moins instruits que bavards, plus ambitieux que dévoués au bien de la commune, qui ont plus d'argent que de mérite, qui veulent toujours et partout être à la tête, tandis que leur place est à la queue, c'est là que les électeurs devront les laisser, et se bien garder d'en embarrasser le conseil municipal.

Il faut encore se garder, comme d'un fléau, de choisir pour le conseil ces hommes partiaux qui n'agiront jamais en vue du bien général, mais toujours en vue ou d'un intérêt personnel, ou particulier à une coterie, à un hameau, à un quartier de la commune. Pourvu que leur égoïsme y trouve son compte, peu leur importe que le bien général soit sacrifié.

Il faudra encore tenir éloigné du conseil certains hommes, d'une nullité notoire, qui se trouvent flattés de leur dignité de conseiller, qui se croient très honorés de siéger de temps en temps à la mairie, et d'apposer quelque fois leur signature sur n'importe quel papier, mais sans savoir ni pourquoi ni comment; ils ne savent, entoutes choses, que répondre: *Amen.* Comme *M. le Maire le voudra!* Non, ne votons pas pour de tels hommes!

Une fois le conseil municipal constitué, chacun de ses membres, s'il est catholique, s'il a une conscience, doit savoir qu'il a assumé une *très grave responsabilité* vis-à-vis de ses concitoyens, qu'il pourra, s'il n'y prend garde, se trouver dans le cas de restituer à la commune des sommes qui auront été injustement votées ou illégitimement employées, son ignorance ne saurait le soustraire à cette obligation. S'il ne se sentait pas capable de porter cette charge, il devait ne pas en accepter l'honneur. C'est ici le cas de se rappeler ce que nous avons dit plus haut qu'il n'y a pas deux consciences ni deux morales. Or la conscience et la morale nous disent que si on a été par sa faute la cause d'un dommage, on est tenu, en toute rigueur de justice, de le réparer, sous peine d'être malhonnête et voleur. Or le conseiller municipal qui a voté injustement une somme au détriment de la caisse communale, est tenu, de ses deniers, de verser cette même somme, pour réparer le tort que son vote a causé. Même obligation pour lui, s'il a, par exemple, approuvé une dépense qui n'aurait pas été faite, ou qui aurait été faite indûment. Aucun contribuable ne trouvera que cette doctrine n'est pas la vraie. Ce n'est donc pas aussi peu de chose que ça, que d'être élu conseiller municipal. Et que de conseillers qui auront à régler les affaires de leur commune au tribunal de Dieu!

Par exemple, sont-ils bien nombreux les conseils municipaux qui nomment une commission prise en dehors du maire pour examiner ses comptes? C'est le droit du conseil municipal de contrôler les comptes du maire. Cette opération, on ne la fait presque jamais. Le maire et le secrétaire établissent les chiffres du budget et le font équilibrer suivant le cas ; mais le conseil se rend-il compte de l'emploi qui a été faite de l'argent voté au budget ?

Dans certaines communes le maire a à sa dévotion quelques ouvriers qui ont sa confiance, et pour cause, et qui signent des factures et des notes pour des travaux et des marchandises qu'ils n'ont jamais faits ni fournies. Ces notes et factures acquittées sont présentées comme pièces justificatives de dépenses qui n'ont pas été faites, et que les conseillers voient cependant figurer au budget. Cela leur suffit, ils n'en demandent pas davantage. Nous avons connu un maire qui avait par ces moyens plusieurs mille francs de boni, tandis que son budget accusait un déficit considérable. Mais le conseil municipal ayant son maire en grande considération, à cause de ses opinions avancées, n'aurait jamais voulu se persuader qu'il était dupe de sa bonne foi radicale ; donc avis au lecteur ! que ceux-là qui ont à élire leurs conseillers municipaux cherchent parmi leurs concitoyens des hommes intègres, et ayant l'intelligence de leurs devoirs et la conscience pour les accomplir ; qu'ils fassent bien comprendre à celui qu'ils mettront à la tête de la commune que les *fonctions de maire sont gratuites et non rétribuées, de par la loi, et que le maire se le tienne pour dit ainsi que son secrétaire*. Les virements de fonds peuvent être quelquefois utiles et même nécessaires, mais ils doivent se faire légalement, et après avis du conseil. Ces détails nous ont paru utiles pour éclairer les candidats et les élus des conseils municipaux aussi bien que les électeurs eux-mêmes.

Puissent ces quelques pages, écrites à la hâte, et sans aucun mérite littéraire, avoir cependant leur utilité, pour le triomphe de la cause de Dieu qui est aussi celle de la France.

L'UNION FAIT LA FORCE.

LYON. — IMP. EMMANUEL VITTE

143

A LA MÊME LIBRAIRIE

Pourquoi je suis républicain. par un catholique, brochure gr. in-16. . . . . 0 20

La Vérité sur l'ancien Régime et la Révolution, par M. Aug. Carion In-18 de 224 pages. 0 40

Economie sociale ou science de la vie, par l'abbé Camille RAMBAUD (ouvrage couronné par l'Académie). In-8 . . . . 4 »

Titres des principaux chapitres : De la patrie. — Des choses nécessaires à la vie matérielle et à la vie intellectuelle et morale d'un peuple. — Du Commerce, de la Banque, du Crédit, de la Propriété, de la Justice. — De la nécessité de la vie sociale et d'un gouvernement. — Des diverses formes de gouvernement et de leurs avantages et désavantages. — Des conditions de la paix sociale. — Du gouvernement actuel de la France. — Des dépenses de l'Etat. — Des impôts et des emprunts. — Le budget de l'État et celui d'une grande ville. — Des lois, de leur nécessité et de leur origine. — De la magistrature. — Du code et des lois principales. — Du travail et de ses conséquences. — Des grandes usines, du travail des femmes, des grèves et des chômages. — Des douanes et du libre-échange. — De l'influence de l'état moral et religieux d'un peuple sur son état social. — De l'esprit public en politique, etc.

Leçons élémentaires d'Economie politique et d'économie sociale, par M. Jules MICHEL, ingénieur des ponts et chaussées, président de la société d'Economie politique de Paris. In-12, cartonné. Prix. 1 50

Lyon. — Imprimerie Emmanuel VITTE. rue Condé, 30.

www.ingramcontent.com/pod-product-compliance
Lightning Source LLC
Chambersburg PA
CBHW051748050726

47598CB00003B/1387